ABRÉGÉ DE LA VIE

DU BIENHEUREUX

JEAN DE BRITTO

AMBASSADEUR ET MARTYR DE LA FOI

PAR LE R. P. PRAT

DE LA COMPAGNIE DE JÉSUS

Société pour la propagation des bons livres

PLANCY

Siège, direction, imprimerie
et librairie de la Société.

1853

ABRÉGÉ DE LA VIE

DU BIENHEUREUX

JEAN DE BRITTO

MISSIONNAIRE DU MADURÉ ET MARTYR DE LA FOI

PAR LE R. P. PRAT

DE LA COMPAGNIE DE JÉSUS

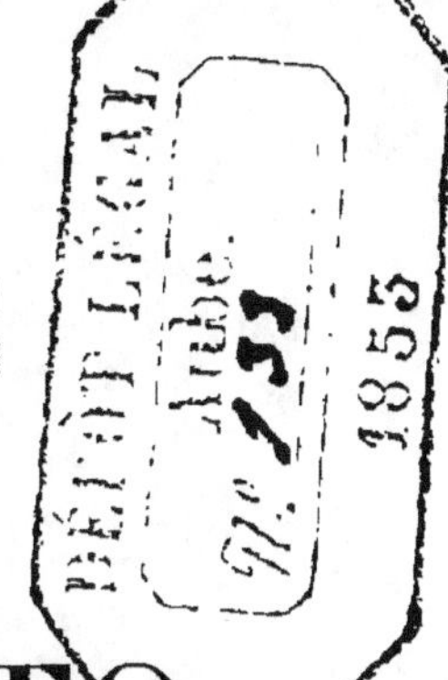

Société de Saint-Victor pour la propagation des bons livres.

PARIS

Librairie centrale de la Société, rue de Tournon, 16.

PLANCY

Siége, direction, imprimerie et librairie de la Société.

ARRAS. — Même maison, rue Ernestale 289.

1853

PROPRIÉTÉ

Plancy. Typ. de la Société de Saint-Victor.—J. Collin, imp.

ABRÉGÉ DE LA VIE

DU BIENHEUREUX

JEAN DE BRITTO

L'Église, en élevant de nouveaux saints sur les autels, ne se contente pas de les offrir au respect et à l'admiration de ses enfants ; elle se propose surtout de les leur donner pour modèles et pour protecteurs. Elle n'a pas eu d'autre intention dans les honneurs qu'elle vient de rendre au bienheureux Jean de Britto. « C'est pourquoi, » nous dit-elle par l'organe de son auguste » Chef, afin que, dans les temps difficiles où » nous vivons, les fidèles aient un modèle de » plus de la force chrétienne, nous voulons que

» le vénérable serviteur de Dieu Jean de Britto,
» qui a donné sa vie pour le nom de Jésus-Christ,
» soit désormais honoré du titre de Bienheureux,
» et que ses reliques soient exposées à la vénéra-
» tion publique. » L'Église veut donc que les
fidèles apprennent du bienheureux Jean de Britto
à lutter constamment, courageusement, contre les
scandales qui les assiégent au dehors, contre
l'égoïsme qui les dessèche au dedans, enfin contre tous les ennemis du salut.

En effet, il est peu de saints qui aient montré
plus d'énergie, plus de constance et d'intrépidité
dans ces sortes de combats, que le bienheureux
Jean de Britto; et les exemples de toute sa vie
méritent bien que son nom devienne le drapeau
des soldats de la foi.

Né à Lisbonne, le 1er mars de l'an 1647, il
trouva dans les splendeurs de sa naissance la
matière des premiers sacrifices qu'il fit au Seigneur. Il n'avait encore que trois ans lorsque la
mort lui enleva son père, D. Salvador de Britto,
gouverneur de Rio-Janeiro. L'éducation de son

enfance resta toute à la charge de sa mère, Dona Beatrix Pereyra, qui, en effet, lui prodigua, ainsi qu'à ses deux frères, Christoval de Britto Pereyra et Fernand Pereyra de Britto, et à sa sœur, Louise de Britto, tous les soins de la piété la plus forte et la plus profonde.

A une école si sage, Jean de Britto fit de tels progrès dans la vertu, qu'à l'âge de neuf ans il put braver les illusions et les dangers de la cour. Admis avec ses deux frères parmi les pages de Don Pedro, fils du roi Jean, quatrième du nom, il y déploya des qualités d'esprit et de cœur qui le rendirent cher à ce prince, et lui attirèrent l'admiration des seigneurs de la cour. Ces honneurs, unis au spectacle des vanités mondaines et du luxe des plaisirs, n'effleurèrent ni son innocence, ni sa modestie. Il semblait au contraire les dédaigner ; il reçut avec plus de plaisir les épreuves que lui firent essuyer ses compagnons. Ces jeunes gentilshommes, importunés de la gravité de son caractère, de la maturité de ses démarches, de son éloignement pour les frivolités, de son assiduité à la prière, de son application à l'étude, enfin de sa fidélité à tous ses devoirs, avaient conçu contre lui d'injustes ressentiments , qu'ils traduisirent plus d'une fois par des marques de mépris, par des paroles offensantes et par d'autres moyens encore plus indiscrets. Jean de Britto n'opposait à de pareils procédés qu'une douceur ineffable, une patience invincible, une charité inaltérable. Son cœur, au-dessus de ces épreuves, resta toujours inaccessible à la rancune. Aussi les seigneurs de la cour, témoins de tant de vertu, donnèrent-ils au jeune de Britto le surnom de *Martyr*, comme s'ils eussent deviné dès lors ce que présageait cette force de caractère.

Dieu, qui ménageait ces contrariétés à son serviteur, lui envoya bientôt une épreuve plus terrible. A l'âge de douze ans, Jean de Britto fut attaqué d'une maladie, qui le conduisit jusqu'aux portes du tombeau. Désespéré des médecins, il recourut au secours du Ciel. Il l'implora par l'intercession de saint François Xavier, dont il avait lu la vie merveilleuse, et auquel il avait voué son admiration. Dona Beatrix Pereyra, secondant, à son insu, les desseins du Seigneur, promit que son fils porterait, pendant un an, l'habit de la Compagnie de Jésus, s'il recouvrait la santé par l'intercession de saint François Xavier. Dieu exauça la confiance du fils et de la mère. Jean de Britto reparut à la cour avec les livrées de la pauvreté religieuse. Il les honora par une conduite angélique, par une profession ouverte de la perfection religieuse. Ses condisciples, vaincus par sa constance, par l'éclat et la solidité de sa piété, cessèrent enfin d'être injustes à son égard : ils rendirent hommage à ses grandes qualités, admirèrent, comme tout le monde, les succès qu'il obtenait dans les classes, son indifférence pour les honneurs et les louanges.

Au bout d'un an, le jeune page quitta l'habit de la Compagnie; il conserva du moins le désir de le reprendre pour ne plus s'en dépouiller. Ce désir, il le renferma d'abord dans son cœur; mais lorsque le temps de l'exécuter fut venu, il le communiqua au P. Vinoco, supérieur de la *province* de

Portugal, qui l'admit volontiers à la Compagnie. Jean de Britto entreprit aussitôt de briser les obstacles qui lui fermaient l'entrée de la Compagnie. Il n'eut pas de peine à obtenir le consentement de sa vertueuse mère ; il ne lui fut pas si facile d'obtenir celui de la cour. Don Pedro avait conçu pour lui une affection qui le lui rendait comme nécessaire ; et la reine Louise de Gusman ne pouvait se décider à priver les pages d'un si parfait modèle. Cependant le jeune Britto parvint, à force d'instances, de prières, de persévérance, à arracher le consentement de l'un et de l'autre.

Victorieux de tant de difficultés, Jean de Britto entra au noviciat le 17 décembre de l'an 1662. Il y fut bientôt, pour ses confrères, ce qu'il avait été au palais pour les pages, le modèle de tous. Les prescriptions de la règle, les devoirs de l'obéissance, les épreuves de la discipline religieuse, n'offrirent jamais rien d'assez pénible à son courage : il ne fallait rien moins pour contenter son amour pour les sacrifices que les travaux des missions étrangères. Il les demanda, dès les premiers jours de son noviciat, en déposant aux pieds de l'Enfant Jésus les hommages de sa piété. Dieu accepta, pour une époque plus éloignée, une si généreuse offrande. En attendant, Jean de Britto s'y prépara par la pratique de toutes les vertus de son état, par l'exercice de la charité, soit auprès des malades domestiques, soit auprès des infirmes dans les hôpitaux. A la joie qu'il éprouvait dans ces saintes fonctions, on voyait qu'il était plus heureux de servir ces nouveaux maîtres que les princes de la terre. Don Pedro lui-même ne put s'empêcher de l'en féliciter, lorsque, étant venu le voir avec une suite nombreuse, à la maison du Noviciat, il le trouva occupé à servir un pauvre malade.

Des actes en apparence si humbles, mais si grands en réalité, étaient le résultat de son assiduité aux exercices spirituels, de son amour pour la prière, de son mépris pour les choses de la terre.

Au bout de deux ans, il s'unit encore plus in-

timement à son Dieu, par les trois vœux de pauvreté, de chasteté, d'obéissance.

L'autorité l'appliqua alors aux belles-lettres,
dans le collége d'Evora. Il s'y livra avec une ardeur qui compromit son existence. Il alla poursuivre ses études au collége de Coïmbre, dont
le climat convenait mieux à sa santé. Après le
cours de belles-lettres, il y fit celui de philosophie, où il confirma, par de nouveaux triomphes,
la brillante réputation que lui avaient faite ses premiers succès.

Au milieu de ces préoccupations, Jean de Britto ne perdait point le désir des missions ; il ne
se livrait même avec tant d'ardeur aux études que
pour l'exécuter avec plus de fruit. Et, afin que
rien ne l'arrêtât, lorsque le moment de partir serait venu, il s'occupait dès lors des moyens
d'aplanir la route qui devait l'y conduire. Son
premier soin fut d'obtenir le consentement du
T. R. P. Général. Il le sollicita par des lettres
pleines du zèle ardent dont il était dévoré.

« Mon révérend Père en Jésus-Christ, lui

disait-il, après avoir recouvré la santé par l'intercession de saint François Xavier, je fus admis à la Compagnie de Jésus ; mais, peu content de ce premier bienfait, ce grand saint, dans son extrême bonté, a voulu le compléter par un bienfait encore plus grand. C'est lui qui me pousse à courir aux missions des Indes ; il me semble qu'il me reproche sans cesse de ne pas consacrer ma vie aux travaux pour lesquels il me l'a rendue. Je n'ai pas tout d'abord manifesté ce désir, parce que je n'avais point commencé mon cours de philosophie. Aujourd'hui, quoique je ne l'ai pas encore terminé, je crois que j'y ai fait des progrès suffisants pour ces pays lointains. Il ne me reste donc plus qu'à prier, à conjurer Votre Paternité de m'accorder la permission de répondre à l'appel de l'apôtre des Indes. Oui, je suis convaincu que mon bien-aimé patron François Xavier, qui me rendit autrefois la santé, dont on désespérait, veut maintenant me conduire au salut éternel par la voie des missions. Ainsi donc, par les plaies de Jésus-Christ, par les mérites du grand saint,

François Xavier, par cette gloire de Dieu que vous désirez si ardemment de voir propager, je conjure avec de nouvelles instances Votre Paternité de m'accorder la grâce d'aller aux missions des Indes. Et, afin que je ne rencontre point ici en Portugal les obstacles qui se présentent quelquefois, je prie Votre Paternité de mettre le comble à la faveur que j'espère obtenir, en m'envoyant directement la lettre dépositaire de votre réponse, de manière que cette affaire ne passe point par les mains du P. Provincial.

» En attendant, je me recommande de tout mon cœur à Votre Paternité, et implore sa bénédiction.

» Son indigne fils en Jésus-Christ,

» JEAN DE BRITTO

» De Coïmbre, le 19 novembre 1668. »

Ses autres lettres étaient conçues dans le même esprit, et toutes aussi pressantes. Enfin, vers le mois d'avril de l'an 1669, il reçut la permission si désirée ; mais il dut attendre encore deux ans l'ordre de partir. Pendant ce temps-là, les supérieurs lui confièrent le soin d'enseigner la grammaire au collége de Lisbonne. Il fit de cet emploi une préparation aux missions ; et, sans négliger de cultiver l'esprit de ses élèves, il s'appliqua surtout à former leurs cœurs à la vertu. Aussi se distinguèrent-ils bientôt parmi leurs condisciples, autant par leur piété que par leur application à l'étude.

Jean de Britto remplissait ces fonctions depuis près de deux ans, lorsque le P. Balthasar da Costa arriva des Indes à Lisbonne, soit pour y traiter les affaires de la mission, soit pour y recruter de nouveaux ouvriers. Notre jeune régent se présenta le premier. Le P. da Costa, instruit de ses grandes qualités et des ardeurs de son zèle, lui promit de solliciter auprès du P. Général la permission de l'emmener aux Indes. En effet, au bout de quelques mois, le P. Provincial reçut de Rome l'ordre précis de mettre Jean de Britto au nombre de ceux que devait conduire le P. Balthasar da Costa. Il quitta alors l'enseignement pour s'appliquer tout entier à l'étude de la théologie, et se préparer ainsi au sacerdoce. Il en reçut le caractère sacré vers la fin de l'année 1672 ou au commencement de' l'an 1673.

Cependant, la nouvelle du prochain départ du P. de Britto pour les Indes avait mis en émoi sa famille, ses amis et la cour. Dona Beatrix était douée d'une piété rare; mais elle était mère. D'ailleurs, la perte récente de son fils aîné, Christoval de Britto Pereyra, mort à la bataille d'Amexial, avait ajouté de nouvelles afflictions à celle de son veuvage, et fait dans son cœur un vide que la présence du plus jeune de ses enfants pouvait seule remplir. Elle employa donc tous les moyens que son rang et sa tendresse purent lui fournir pour arrêter le P. de Britto. Elle s'adressa d'abord à lui-même, le conjurant par les motifs les plus touchants de ne pas la priver, par son absence, de la plus douce consolation qu'elle eût dans ses peines. Mais la grâce parla plus haut dans le cœur de Jean de Britto; il répondit, en consolant sa mère, que Dieu l'appelait aux Indes, et qu'il serait aussi ingrat qu'infidèle s'il ne se rendait pas à sa voix. Désespérant de vaincre ce courage, Dona Beatrix s'adressa aux supérieurs de son fils ; mais le P. de Britto avait pris auprès des supérieurs immédiats des mesures que les autres ne pouvaient plus rompre. Le nonce apostolique interposa son autorité en faveur de cette mère affligée. Il ne fut pas plus heureux : le P. de Britto lui exposa les motifs de son départ avec tant de force, que ce prélat reconnut le doigt de Dieu dans la vocation du fervent religieux, et cessa de s'y opposer.

Il ne fut pas plus difficile au P. de Britto de vaincre les obstacles que lui opposait la cour. Don Pedro, qu'une révolution de palais avait élevé sur le trône en 1667, à la place d'Alphonse VI, essaya d'ébranler sa constance en lui rappelant l'ancienne qualité qu'il avait eue à la cour, l'estime et l'affection qu'il y avait acquises, les marques de bienveillance qu'il avait reçues de l'Infant, et auxquelles, devenu roi, il ajouterait de nouvelles faveurs. Ces souvenirs excitèrent la reconnaissance du P. de Britto, mais ils ne l'ébranlèrent point dans sa résolution. Il parla noblement le langage de la foi, à un prince qui le comprenait, et leva ainsi le dernier obstacle qu'il eût à vaincre.

Le jour du départ était fixé au 25 mars 1673. Dès la veille le P. de Britto s'était rendu sur le vaisseau, après avoir fait les derniers adieux à sa famille et à ses confrères. Il y fut rejoint, le lendemain, par vingt-six autres missionnaires, qui devaient partager ses travaux dans les Indes, ou en supporter de semblables dans les missions de la Chine. Tous brûlaient du désir d'annoncer Jésus-Christ aux infidèles. Le vaisseau, poussé par un vent favorable, semblait seconder leurs vœux. Mais, arrivé sous la ligne, il y resta plusieurs jours comme enchaîné par un calme opiniâtre.

La chaleur de cette atmosphère de feu, de cruelles privations, occasionnèrent une épidémie qui exerça d'affreux ravages parmi l'équipage et les passagers. Les santés y succombèrent, et bientôt le vaisseau devint le théâtre d'un spectacle déchirant. Le P. de Britto, délivré, au bout de quelques jours, des atteintes du fléau, consacra toutes ses forces au service des malades. La nuit comme le jour, il leur prodiguait les soins les plus tendres. Leurs corps, leurs âmes étaient également l'objet de sa sollicitude. Aussi tous ces infortunés, pénétrés d'une abnégation si évangélique, lui vouèrent une reconnaissance et une admiration qu'ils traduisirent par le titre de *nouveau Xavier*. En vain le P. de Britto luttait avec une si héroïque charité contre la fureur du fléau : douze missionnaires y succombèrent. De ce nombre était le P. Balthasar da Costa, qui, en mourant, put se consoler de ne pouvoir revoir ses néophytes, par la pensée qu'ils retrouveraient dans le P. de Britto un apôtre et un père. Cependant l'épidémie faisait chaque jour de nouvelles victimes, et défiait tous les remèdes humains. Le P. de Britto exhorta alors l'équipage et le reste des passagers à apaiser, par la prière, la colère du Ciel. Tous, à son exemple, implorèrent la protection de saint François Xavier. Au bout de quelques jours, les vents soufflèrent de nouveau, et arrachèrent le vaisseau à ces sinistres parages.

Une nouvelle épreuve l'attendait au cap de Bonne-Espérance : là, il fut assailli d'une tempête affreuse, qui menaça de l'engloutir dans les flots ; mais le Ciel se laissa encore toucher par les prières du P. de Britto, auxquelles tous voulurent s'unir. Les flots se calmèrent, et le vaisseau put tranquillement poursuivre sa course jusqu'au port de Goa, où il aborda au mois de septembre.

Le premier soin des missionnaires fut d'aller, à la suite de notre Bienheureux, déposer sur le tombeau de saint François Xavier les témoignages de leur reconnaissance, et lui demander, par son intercession, la grâce de consacrer au salut des infidèles la vie qu'il leur avait deux fois conservée. Ce fut surtout le vœu du P. de Britto ; mais, avant de l'exécuter, il fut obligé de compléter à Goa ses études théologiques. Ce soin ne le retint pas long-temps : au bout de cinq mois, son génie avait absorbé les matières que d'autres peuvent à peine mesurer dans l'espace de quatre ans. L'éclat avec lequel il subit alors l'examen sur les objets de

ses études prouva qu'il avait satisfait aux exigen-
ces de l'Institut; mais il lui attira une estime qui
faillit changer sa destination : on lui offrit la chaire
de philosophie. Le P. de Britto ne voulait point
échanger les lauriers de la science contre la palme
du martyre qu'il ambitionnait, ni les occupations
tranquilles de l'enseignement contre les travaux
des missions. Enfin, il lui fut donné de courir là
où l'appelait son zèle. Vers le commencement
d'avril 1674, après avoir salué une dernière fois
le tombeau de saint François Xavier, il partit
pour Ambalacate. Cette ville, située au pied des
monts Angamala, entre la côte du Malabar et la
chaîne méridionale des Gattes, était le centre
d'une chrétienté nombreuse au milieu de laquelle
s'étaient conservés les souvenirs de l'apôtre saint
Thomas et des traces de sa prédication. Les Pères
de la Compagnie de Jésus y avaient un collége
florissant, où se recrutait surtout le clergé de cette
Eglise, qu'ils avaient purgée, avec Mgr Alexis de
Menèsès, des erreurs nestoriennes. Les missionnaires nouvellement arrivés d'Europe trouvaient

dans cet établissement un séjour tranquille, où ils pouvaient, dans les douceurs de la communauté et dans l'étude des langues du pays, se disposer aux travaux de l'apostolat. Pendant plusieurs jours, le P. de Britto s'y prépara, par la retraite, à ceux qui l'attendaient dans la mission du Maduré.

La mission du Maduré ne comprenait pas seulement le royaume de ce nom : elle s'étendait dans les royaumes de Golconde, de Gingi, de Velour, de Tanjaour, de Marava, et dans d'autres petits États que renfermait cette grande presqu'île, fermée au nord par les monts Himalaya, par l'Indus et le Gange, terminée à l'orient par la côte de Coromandel, à l'occident par celle du Malabar, au midi par les côtes de la Pêcherie et du Travancor et par le cap Comorin. Les montagnes des Gattes, qui là divisent en deux parties inégales, se partagent vers le sud en deux chaînes, dont l'une, sous le nom de Gattes occidentales, continue à suivre la direction de la côte du Malabar, l'autre, sous le nom de Gattes orientales, se dirige vers

le nord-est. Ces montagnes, et d'autres moins lon-
gues ou moins élevées, étaient couvertes d'épais-
ses forêts que peuplaient des bêtes fauves, mais
qui souvent offraient aux chrétiens un asyle contre leurs persécuteurs, ou contre les poursuites
des ennemis.

Le pays est arrosé par de grands fleuves, par
de longs canaux que les pluies font souvent débor-
der dans la plaine. Ces difficultés n'étaient pas
les plus redoutables pour des missionnaires :
c'était peu pour eux de souffrir les ardeurs du
climat, de respirer l'air d'une atmosphère embra-
sée, de voyager sur un sable brûlant, ou, dans
la saison des pluies, de se frayer une route à
travers les torrents qui la fermaient à chaque pas,
ou sur un sol boueux et pétri d'épines ; c'était peu
pour eux de loger, quand ils n'étaient pas obligés
d'errer au milieu des bois, dans des cabanes bas-
ses, étroites, étouffées, qu'ils devaient souvent
partager avec les fourmis blanches, les rats, les
serpents, et avec d'autres reptiles venimeux ; de
ne prendre pour toute nourriture, une seule fois

le jour, que quelques mets insipides, fades, dé-
goûtants ; de condamner leur existence à d'autres
privations, à des fatigues dont le seul récit effraie
l'imagination. Les obstacles les plus sérieux leur
venaient du côté de l'organisation de ces peuples,
et de leurs préjugés ou religieux ou nationaux.

Les Indiens sont divisés en quatre castes prin-
cipales : celle des Brahmes, la première et la plus
fière de toutes ; celle des Kchatrias, destinés à la
profession des armes ; celle des Veissias, qu'on
trouve dans toutes les branches du commerce ;
celle des Choutres, livrés aux professions domestiques. En dehors de ces castes sont encore les
Parias, classe d'êtres avilis que leurs compatrio-
tes regardent comme indignes d'appartenir à la
société. Rien n'égale le mépris qu'on a pour eux,
si ce n'est celui qu'on porte aux Européens, dési-
gnés sous le nom de *Pranguis*. Les Indiens su-
bordonnent leur honneur, leur condition, leurs
intérêts, à ceux de leur caste respective ; en sorte
que celui qui voudrait abandonner les traditions
religieuses ou nationales de sa caste s'attirerait

la haine, le mépris, la colère de ceux qui la com-
posent. Les superstitions séculaires qu'ils ont
reçues de leurs ancêtres sont encore de nouveaux
liens qui les attachent au culte des idoles. Les
prêtres de leurs idoles, connus sous le nom de
Saniassis, de Soamis et de Gouroux, exercent sur
eux un incroyable ascendant, et ils s'en servent
pour les éloigner de la religion chrétienne. Les
Brahmes réunissent souvent leurs efforts à ceux
de ces faux prêtres, pour paralyser le ministère
des missionnaires, soulever contre eux les popula-
tions païennes, et exciter le fanatisme des princes
gentils, qui n'a pas toujours besoin de ce stimu-
lant.

Tels furent les obstacles qu'eut à vaincre le
P. Robert de' Nobili, lorsque, vers le commencement du dix-septième siècle, il fonda la mission
du Maduré; tels furent encore ceux contre lesquels le P. de Britto et ses collègues durent lutter pour continuer l'œuvre de ce grand homme.
Ils en rencontrèrent bien d'autres, dans les guerres
incessantes que les princes du pays se faisaient les

uns aux autres, et dans les fléaux de la famine ou
de la peste, qui accompagnaient souvent celui de
la guerre.

Loin d'effrayer le P. de Britto, ces dangers,
ces difficultés souriaient à son grand cœur; ils
lui présageaient d'affreuses souffrances, et c'était
précisément ce que recherchait son amour pour
Jésus-Christ Il lui fut bientôt donné de se satisfaire. Plusieurs voies le conduisaient à sa mission;
il préféra la plus pénible, parce qu'elle était la
plus courte. Parti d'Ambalacate, vers le commencement du mois de juin, avec le P. André Freyre,
ils firent le voyage à pied jusqu'au Maduré ; ils
s'enfoncèrent d'abord dans les montagnes des
Gattes, gravirent des rochers escarpés, se frayè-
rent une route à travers les forêts, au risque
d'être dévorés par les bêtes fauves, dont la Providence les délivra plus d'une fois miraculeusement, franchirent des ravins, traversèrent à
grand'peine des torrents et des fleuves. Les fatigues d'un si rude voyage n'égalaient pas le courage du P. de Britto ; mais elles étaient au-dessus

de ses forces physiques, d'ailleurs assez faibles.
A peine arrivé à Sattiamangalam, première chrétienté du Maduré, il fut attaqué d'une maladie qui
le réduisit à la dernière extrémité. Dieu toutefois
rendit à la mission un si digne ouvrier. Au bout
d'un mois, le P. de Britto et le P. André Freyre
reprirent leur route pour Colei, but de leur voyage.
Ils la trouvèrent semée des mêmes difficultés et des
mêmes dangers. La Providence, sans cesser de
leur être favorable, ne leur épargna pas les fatigues. Le P. de Britto en était épuisé, lorsqu'ils
arrivèrent à Colei, le 30 juillet 1674. Le bonheur
de se trouver enfin au milieu des peuples qu'il
devait évangéliser lui eut bientôt rendu la santé.
Il la consacra aussitôt au service des chrétiens de
Colei. Ils étaient alors décimés par une cruelle
épidémie, et il ne fallut rien moins que la charité
du nouvel apôtre pour les consoler et les soulager
dans leurs maux. On le voyait aller de cabane en
cabane, portant à tous les malades des remèdes,
des secours et les consolations de la religion. Ce
dévouement, récompensé par des miracles, re-

commanda auprès des Indiens son ministère et sa personne, et affermit les néophytes dans la foi, que les faux prêtres, à cette occasion, s'efforçaient d'ébranler.

Après la disparition du fléau, le P. de Britto, malgré les troubles de la guerre qui désolaient ce pays, se mit à parcourir tout le district de Colei, distribua les sacrements de l'Église à tous les néophytes, et en accrut le nombre par la conversion de tant de gentils, qu'il fallut diviser ce district en deux sections : l'une eut pour chef-lieu Coranapatti, à dix lieues nord-ouest de Colei ; Tattouvantchéri, situé au nord du fleuve Coleron, devint le centre de la seconde, et fut confié aux soins du P. de Britto. Il en visita d'abord toutes les chrétientés ; partout l'activité de son zèle imprima à l'œuvre du Seigneur une impulsion que les hostilités avaient suspendue en plusieurs endroits et affaiblie presque en tout lieu. Arrêté ensuite dans ses courses apostoliques par des partis ennemis, il se retira à Tattouvantchéri, où il pouvait accueillir les chrétiens qui venaient le trouver

de dix ou quinze lieues, et traiter plus librement
avec les parias, classe d'hommes aussi chère à
son cœur qu'elle était odieuse à l'orgueil des
autres castes. Mais la charité qui le retenait dans
ces lieux faillit le ravir pour toujours à la mission
du Maduré. Le Coleron, enflé par des pluies tor-
rentielles, se déborda dans la plaine, qu'il changea
bientôt en un vaste lac. Le tertre sur lequel étaient
bâtis la chapelle et le presbytère fut envahi dans
la nuit du 17 au 18 décembre 1676. Le P. de
Britto s'y trouvait, en compagnie de quelques
chrétiens. Ils furent tous obligés de se réfugier
sur une prochaine éminence, un peu plus élevée.
Encore cet asile leur fut-il disputé par d'énormes
serpents qui, chassés de la plaine par les eaux,
s'avançaient vers eux en poussant des sifflements
affreux. Ils repoussèrent comme ils purent ces
reptiles venimeux. Leurs efforts cependant n'au-
raient pas suffi pour les délivrer de tant de dangers, si Dieu, touché de leurs prières, n'eût fait
cesser l'inondation : au bout de trois jours les
eaux commencèrent à se retirer dans leur lit. Le

P. de Britto et ses compagnons offrirent les privations et les souffrances de ces trois jours au Dieu-Enfant, qu'ils honorèrent le jour de la fête de Noël, avec plus de piété que de pompe, dans une cabane improvisée.

Deux princes du voisinage, dont le P. de Britto avait gagné l'estime, firent élever à la place de cette humble chapelle un sanctuaire plus digne de la religion. Tandis qu'on le bâtissait, l'homme de Dieu porta les secours de son ministère à diverses chrétientés, qui subissaient à la fois et les ravages de la guerre, et ceux de la peste. Il s'exposa aux uns et aux autres pour servir ses néophytes et ranimer leur confiance en Dieu. L'épidémie ayant cédé aux prières qu'il faisait avec ses chrétiens, il poursuivit la visite des chrétientés moins malheureuses, accompagné, pour ainsi dire, de la puissance des miracles. Tantôt il préservait ses néophytes ou les catéchumènes de la morsure des serpents ; tantôt il délivrait des ravages des sauterelles leurs champs ensemencés, en y répandant de la cendre bénite ; d'autres fois il rendait la parole à des muets, la santé à des malades désespérés. Souvent il délivrait de la possession des démons des païens qui, par reconnaissance, embrassaient le Christianisme.

Mais rien, dans la vie du P. de Britto, n'était plus merveilleux que l'activité de son zèle. Malgré les désordres de la guerre, les incursions des brigands et d'autres dangers, il continuait la visite de ses chrétientés, relevait le culte du Seigneur, rétablissait l'usage des sacrements, les distribuait avec ses instructions à ses néophytes, conférait celui du baptême à de nombreux catéchumènes, les affermissait tous dans la foi et dans l'esprit de la religion. Souvent, errant dans les bois, il y recueillait ceux que les dangers de la guerre y avaient relégués, les réunissait en communautés et en composait de ferventes chrétientés.

Un zèle si héroïque, autorisé par tant de miracles, avait multiplié, avec les conversions des idolâtres, le nombre des néophytes du district de Tattouvantchéri. Le supérieur, pour procurer les mêmes avantages aux chrétientés du Nord, y envoya le P. de Britto, qui les trouva toutes envahies par des bandes ennemies. Malgré ces périls et les menaces des brahmes, notre Bienheureux put bâtir, entre Colei et Couttour, une chapelle autour de laquelle vinrent dresser leurs tentes près de quatre cents chrétiens, tourmentés dans leur patrie par les commotions politiques. Après avoir solidement établi cette chrétienté, il se rendit à celle de Tattouvantchéri, vers le commencement du carême de l'an 1678. Les néophytes accoururent en foule réclamer les bienfaits de son ministère. Il l'exerça le jour et la nuit pendant le carême, et entendit les confessions de trois mille fidèles, conféra le baptême à plus de trois cents catéchumènes, instruisit un grand nombre de païens, dont la plupart furent admis plus tard au même sacrement.

Mais, comme cette affluence ne lui permettait pas de donner ses soins aux parias, sans blesser profondément les susceptibilités des autres castes, il alla fonder, surtout en leur faveur, une nouvelle chapelle dans le bois de Siroucarambour.

Les fatigues qu'il essuya pour s'y rendre n'égalèrent pas celles que lui créèrent dans ce sombre séjour les intempéries de la saison. Pour comble de malheur, les pluies continuèrent à tomber par torrents ; les rivières débordées isolèrent le bois de Siroucarambour de la plaine, et réduisirent le P. de Britto aux plus cruelles privations. Mais, par ces souffrances, il glorifiait Jésus-Christ, et cette pensée inondait son cœur d'une joie céleste. Aussi disait-il que cette solitude fut pour lui un lieu de délices. Il en éprouva de plus douces encore, lorsque les rivières, rentrées dans leurs lits, eurent laissé libre l'accès de Siroucarambour. Les néophytes y accoururent de toute part : en moins d'un mois le saint missionnaire entendit les confessions de plus de quinze cents d'entre eux, et conféra le baptême à plus de trois cents catéchumènes.

Il en préparait un plus grand nombre à la même faveur, lorsque le P. Rodriguez, supérieur de la mission, le chargea d'aller traiter une affaire importante à Madraspatam. S'étant arrêté à Valou guerpatti, le P. de Britto tomba, avec le P. Rodriguez, entre les mains d'une troupe de Marattes, qui leur aurait fait subir une cruelle mort, sans l'intervention de la Providence. Ils se consolèrent des mauvais traitements qu'ils avaient reçus de ces bandits, par la conversion du chef de la bourgade, à qui Dieu, en dépit des prédictions des brahmes, venait d'enlever, avec le plus jeune de ses enfants, le dernier obstacle à sa conversion.

Le P. de Britto se rendit ensuite à Madraspatam, où il traita heureusement les affaires dont il était chargé, et ramena à la pratique de la religion un riche. chrétien, qui en faisait depuis longtemps le scandale. Rendu enfin à ses travaux apostoliques, il les reprit en 1679, dans le district de Couttour, au milieu de l'immense confusion que répandaient partout les hostilités acharnées des divers princes du pays. Son zèle, encore plus grand que ces obstacles, lui fit faire, pour les surmonter, de sublimes efforts, et obtint des succès qu'on ne peut s'expliquer que par l'intervention de la Providence ; mais il épuisa ses forces. Peu

de jours après avoir célébré la fête de Pâques
avec ses néophytes, il fut attaqué d'une maladie
qui le retint longtemps sur son lit de douleur. A
peine eut-il recouvré la santé, qu'il alla la consacrer à la gloire de son Dieu, dans la province de
Pandanellour, où il conféra le baptême à un
grand nombre de catéchumènes convertis par ses
soins. Il recueillait une moisson aussi abondante à
Tattouvantchéri et à Cabalacouri, quand des bruits
de persécution l'appelèrent dans la province de
Cararampatti. Il contint, par sa présence, les
brahmes, ennemis de la religion, visita tous les
chrétiens, fortifia leur courage par la grâce des
sacrements, comme par ses exhortations, et alla
aussitôt rendre le même service à ceux de Siroucarambour, tandis que des sicaires, le croyant
encore à Tattouvantchéri, le cherchaient dans
cette bourgade pour lui faire expier ses succès par
une cruelle mort.

Les chrétientés du Gingi jouirent à leur tour
des bienfaits de sa présence. Au bout de deux
mois, il les laissa comblées de bonheur et pleines

d'admiration pour son zèle infatigable, et repartit pour le Tanjaour, où la persécution ne cessait de gronder. Il rencontra sur sa route des difficultés insurmontables; mais la Providence ne l'abandonna pas. Après avoir traversé trois rivières à la nage, il fut surpris par la nuit dans une sombre forêt. Transi de froid, mourant de faim, il offrait déjà à Dieu la vie qui lui échappait. Tout à coup, deux inconnus se présentèrent à lui, et le prièrent d'accepter un abri dans une cabane voisine. En continuant sa route, il rencontra le Manja-Waïk-kal, vaste et profond canal qu'il ne pouvait traverser, ni à gué, ni à la nage. Comme il implorait le secours du Ciel, il vit venir à lui un grand et robuste jeune homme, qui le prit, lui et ses effets, le transporta sur l'autre bord du canal et disparut aussitôt. Le P. de Britto, parvenu enfin à Sirou-carambour, quelques jours avant les fêtes de Noël, vit accourir en foule auprès de lui des néophytes qui voulaient lui faire la confession de leurs fautes, et des catéchumènes qui voulaient recevoir le baptême de sa main. Il satisfit les vœux des uns et des autres, et célébra avec eux l'anniversaire de la naissance du Sauveur.

Au commencement de l'an 1680, il reprit la visite des chrétientés du Gingi. Celles de Tattou-vantchéri, de Vengattamapattei, de Tirouvadi, de Vettavalam, de Vîrasôlabouram, et d'autres encore furent successivement l'objet de sa sollicitude. Une foule immense de chrétiens et de catéchumènes l'attendirent à Couttour, où il célébra avec eux les fêtes de Pâques, après les y avoir préparés par ses instructions, par l'administration des sacrements de la pénitence et du baptême.

Cependant les chrétiens du Tanjaour réclamaient la présence de leur pasteur. Le P. de Britto ne trompa point leurs vœux. Il se rendit d'abord à Solamandalam, puis dans la province de Mannarcoïl, la plus superstitieuse des Indes. La haine des brahmes et le fanatisme des païens le forcèrent de fixer son séjour au milieu d'un bois, repaire de bêtes féroces. Les privations cruelles qu'il eut à y supporter brisèrent sa santé; mais elles lui donnèrent la facilité d'exercer son ministère auprès des chrétiens, même des parias. Deux mille néophytes de toute caste vinrent là lui faire l'aveu de leurs fautes et entendre ses instructions ; plus de deux cents gentils reçurent en même temps, de sa main, le sacrement du baptême.

Ce succès lui donna la force de subir de nouvelles fatigues : il les trouva dans la province de Cararampatti. Les tracasseries des brahmes, l'instruction des chrétiens et des catéchumènes, l'administration des sacrements, les veilles, les privations de toute sorte, lui occasionnèrent une grave maladie. Il put encore se rendre à Tiroucaréiour, traverser, pour y arriver, plusieurs rivières à la nage ; mais, là, il fut obligé de céder à la violence du mal, terrible suite de ses fatigues. Le feu était dans ses veines ; ses jambes, enflées, étaient encore criblées de furoncles envenimés. Une excroissance de chair, formée dans les paupières, ajoutait à tant de douleurs des maux affreux qui, pendant dix-huit jours, lui ôtèrent presque entièrement l'usage de la vue et lui laissèrent à peine celui de ses facultés intellectuelles.

Le P. André Freyre, informé de l'état du P. de Britto, se hâta de lui porter ses soins. Il se trompa de chemin, rencontra un prêtre des idoles moribond, le fit instruire et baptiser par un de ses catéchistes ; et, quand il arriva à Tiroucaréiour, il trouva le P. de Britto miraculeusement guéri par l'intercession de saint François Xavier.

Notre saint missionnaire consacra d'abord aux chrétientés du Gingi les forces que le Ciel venait de lui rendre. Il les visitait depuis deux ou trois mois, lorsqu'il apprit que Minatchi, brahme fameux de Couttour, voulait forcer les chrétiens de cette ville d'assister à des cérémonies païennes, ou les faire exterminer s'ils le refusaient. A cette nouvelle, le P. de Britto se rendit en toute hâte à Couttour, priant pour ses chrétiens, en attendant qu'il pût les secourir autrement. En arrivant, il trouva le deuil dans la ville et la joie dans les maisons des chrétiens. Minatchi avait été subitement frappé de mort.

Après avoir béni, avec ses néophytes, la justice de Dieu, et célébré avec eux les fêtes de Noël, il

partit pour les chrétientés du Gingi qu'il n'avait
pas encore pu visiter. Celle de Pompatti, mêlée
à des païens aussi nombreux que fanatiques, ne
pouvait pas manifester sa foi sans l'exposer à leurs
dérisions. Le P. de Britto, résolu de la transpor-
ter ailleurs, rencontra une extrême répugnance
dans les habitudes domestiques de ces chrétiens ;
mais le Ciel lui vint en aide : un incendie, laissant
intactes les maisons des païens, réduisit en cendre
celles des néophytes. Il n'en resta qu'une seule,
qui, l'année suivante, fut consumée par le feu du
ciel. Le P. de Britto fut obéi ; cette chrétienté,
transportée ailleurs, répara, par un redoublement
de ferveur, l'opposition momentanée qu'elle avait
faite à son pasteur. Le saint missionnaire venait
de l'augmenter de plus de trois cents catéchumènes, lorsque le supérieur l'envoya de nouveau à
San-Thomé, pour y traiter une affaire relative
à l'église du Malabar.

Dès qu'il eut terminé cette mission, il rentra
dans le Tanjaour, où il fut accueilli par la persécution. A Solamandalam, de puissants ennemis

tendirent à sa vie des embûches perfides ; mais elles ne l'empêchèrent point d'exercer son ministère.

Retiré tantôt dans quelque habitation isolée, tantôt dans les bois, il distribuait là les bienfaits de son zèle aux chrétiens qui avaient le secret de sa présence. Des dangers plus grands encore l'attendaient à Tirouvandatourei. Ce ne fut point assez pour la justice divine de l'en délivrer, elle arma encore contre les persécuteurs les fléaux de la nature : un vent violent porta le ravage dans les campagnes ; les flots de la mer, agités par la tempête, firent refluer les rivières, déjà grossies par des pluies diluviennes; une inondation immense couvrit les plaines du Tanjaour, et, dans la seule province de Tirouvadour, engloutit plus de dix mille païens. Dans celle de Tandânellour, le brahme qui, deux ans auparavant, avait détruit l'église de Tattouvantchéri et menacé de mort le P. de Britto, trouva son châtiment particulier dans le désastre commun. En même temps, celui qui avait incendié l'église de Colei, dans le Gingi, se donnait la mort sur les ruines de sa maison consumée par les flammes.

Les fléaux dont nous venons de parler surent discerner, même dans leur fureur, les néophytes du P. de Britto, et n'en confondirent aucun avec les coupables..

Dès que les routes furent praticables, le saint missionnaire se rendit dans le Gingi avec un fidèle catéchiste nommé Canagapen. Sur leur route ils rencontrèrent un riche païen qui, à leur vue, se mit à proférer d'horribles blasphèmes contre la religion chrétienne. Huit jours après, ce malheureux, d'après la prophétie du P. de Britto, expirait au milieu des plus atroces douleurs. Cependant notre Bienheureux se consacrait au bien des néophytes de Couttour : il oublia toutes les fatigues de son ministère le jour de la fête de Pâques, lorsqu'il vit près de cinq mille chrétiens s'approcher de la Sainte-Table, et environ quatre cents catéchumènes lui demander la grâce du baptême. Il se dirigea ensuite dans le Tanjaour, où les néophytes étaient toujours en butte au fanatisme

païen. Mais, ayant reçu en route une lettre du
P. Provincial qui le mandait auprès de lui, il se
rendit aussitôt au collége de Topo, sur la côte
du Travancor. Ce fut alors, sans doute, qu'il fit
sa profession solennelle, puisque dans le catalo-
gue des années suivantes son nom est accompagné du titre de profès. Quoi qu'il en soit, il re-
tourna dans sa mission, dès qu'il eut terminé les
affaires qui l'en avaient éloigné. Dans le trajet,
une affreuse tempête l'aurait englouti, si la main
de la Providence n'eût soutenu la frêle embarca
tion qu'il montait. Le P. de Britto reconnut ce
miracle par de nouveaux travaux. Les chrétiens
des provinces de Pandancllour, de Rarajurapet-
tei, de Tiroucaréiour, de Mannarcoïl, de Védara-
nianam, retrouvèrent dans leur pasteur cette soif
de la gloire de Dieu, des fatigues et des souffrances, qui les avait si souvent étonnés. Des
païens, déjà instruits par les catéchistes, s'em-
pressèrent de recevoir le baptême de sa main, et
portèrent ainsi à huit cent douze le nombre de ceux
que, malgré une absence de cinq ou six mois, il

avait agrégés, en 1682, à la grande famille catholique. De si beaux succès, les immenses fatigues, les sacrifices sublimes qu'ils lui avaient coûtés, attirèrent sur lui, avec la vénération des supérieurs, l'honneur de gouverner toute la mission du Maduré.

Le P. de Britto se dédommagea par d'excessifs travaux de la violence qu'on faisait à son humilité. Les soins de la mission étaient alors distribués entre des pasteurs aussi remarquables par leur talent que par leur courage. Le P. de Britto, digne de marcher à leur tête, embrassait dans sa grande âme les vœux de tous ses nobles collaborateurs, et le désir de souffrir lui seul les maux que le Seigneur distribuait à chacun de ses frères. S'il partagea les souffrances avec eux, il y eut au moins la part la plus large. L'activité de son zèle, son courage indomptable, ses courses, ses fatigues, tout en lui rappelait le grand François Xavier. C'était même le nom que lui donnaient ses confrères.

Le pays était continuellement embrasé des feux

de la guerre; les persécutions éclataient de toute
part. Le P. de Britto courut de suite au plus fort
du danger, c'est-à-dire aux confins du Tanjaour et
du Marava. Il eut d'abord à essuyer les injures,
les sarcasmes, les outrages des brahmes dont il
avait réprimé l'insolence et réfuté les erreurs.
Puis il alla secourir les chrétiens de Mannarcoïl.
De là il se rendit à Combacounam, où il était impatiemment attendu par les néophytes et par les
catéchumènes; il satisfit leur empressement en
distribuant aux uns les leçons de la religion, les
grâces des sacrements, en régénérant les autres
dans les eaux du baptême. Parmi ces derniers,
se distinguait un jeune Indien, nommé Gaudence,
qui devint l'apôtre de sa famille et de sa bourgade.

Après avoir affermi ces nouvelles conquêtes, le
P. de Britto se dirigea vers la chrétienté de Couttour, qu'il prépara, par ses instructions, par la
confession, à la fête de Pâques. Comme il la célébrait avec ses néophytes, il partit contre eux un
édit de persécution, et contre lui un décret de
prise de corps, du palais du gouverneur. Mais la

justice divine n'attendit pas l'exécution de ces menaces, pour les châtier; le principal instigateur de ces injustes mesures fut subitement frappé d'une mort épouvantable, et ses femmes se brûlèrent dans le foyer qui consuma son cadavre.

En même temps la persécution sévissait contre les chrétiens de Siroucarambour. Le P. de Britto accourut aussitôt à leur secours. Peu content de les fortifier par sa présence et par ses avis, il réclama et obtint en leur faveur la protetion du prince contre le gouverneur, auteur de ces injustices. Mais le Ciel le servit mieux que la protection du prince. Le persécuteur, convaincu de brigandage, fut dégradé et privé de tous ses emplois. Sa chute permit au P. de Britto de reprendre la visite des chrétientés du Gingi. Il vit successivement celles de Vettavanain, de Tirounàmalei et de Tanrey. Pour exercer librement son ministère en faveur des chrétiens de cette dernière bourgade, il fut obligé de fixer son habitation sur une montagne voisine, où il eut à souffrir les tourments de la faim, de la soif, et les ar-

deurs d'un soleil brûlant. Le concours des chrétiens et des catéchumènes qui allaient profiter
de ses instructions signala sa présence aux païens.
Le gouverneur du pays envoya contre le saint
missionnaire une troupe de soldats qui, aveuglés
par la Providence, passèrent à côté de sa hutte
sans l'apercevoir.

Délivré de ce danger, et d'autres encore, le
P. de Britto partit pour Golconde, visita les chrétientés répandues dans ce pays, en fonda une
nouvelle dans la ville d'Outtaramanelour; puis il
parcourut le royaume de Velour, répandant partout, sur les chrétiens et les catéchumènes, les
bénédictions de sa charité, et rentra dans celui
de Gingi, où il s'arrêta plusieurs semaines, soit
pour visiter les chrétientés qu'il n'avait pas encore pu voir, soit pour conférer le baptême aux
catéchumènes instruits par les catéchistes. De là,
il se hâta de porter ses encouragements aux chrétiens du Tanjaour, sur qui grondait sans cesse
l'orage de la persécution. Ceux de Mannarcoïl et
du cap Calimère jouirent à leur tour des bienfaits

de son zèle. Tandis qu'il les distribuait à ceux de Siroucarambour, le nouveau gouverneur, aussi ennemi des chrétiens que son prédécesseur, expédia, pendant la nuit, une troupe de satellites, avec ordre de lui apporter la tête du missionnaire. Le Père reposait alors dans la chapelle de Siroucarambour ; mais la Providence veillait sur lui. Au moment où les sicaires approchaient du sanctuaire, la foudre sillonna la nue, le tonnerre roula en éclats épouvantables, tous les éléments semblèrent se coaliser pour défendre le serviteur de Dieu. Les satellites, oubliant leur mission, se dispersèrent de tous côtés, et retournèrent le lendemain, qui plus tôt, qui plus tard, encore tout tremblants des horreurs de la nuit.

Quant au P. de Britto, il remonta dans le Gingi, où l'appelaient les néophytes ; mais il revint célébrer les fêtes de Noël à Siroucarambour. Du 21 décembre à la fête du Saint-Nom-de-Jésus, il passa les jours et les nuits à satisfaire la sainte avidité des chrétiens. Plus de dix-huit cents d'entre eux, pendant les délicieuses fêtes par lesquelles l'Eglise a coutume de clore et d'ouvrir l'année, se pressèrent à la Table-Sainte, pour recevoir le pain des anges, de la main de leur saint missionnaire.

Ces succès lui coûtaient des fatigues extrêmes ; mais elles lui étaient douces, puisqu'elles tendaient à la gloire de Dieu. Les années suivantes lui en apportèrent de plus terribles encore. Les royaumes compris dans la mission du Maduré servaient toujours de théâtre aux horreurs de la guerre, aux excès de la révolte et du brigandage, et créaient, chaque jour, de nouveaux dangers aux chrétiens. Ceux du Maduré étaient menacés d'une nouvelle persécution par Linganaretti, qui, de vassal du Nayaken, était devenu prince indépendant. Le P. de Britto se rendit donc au milieu d'eux ; il parcourut la partie méridionale de ce royaume, visita toutes les chrétientés, et en fonda une nouvelle dans un bourg où l'Evangile n'avait pas encore pénétré. Comme il n'y avait ni maison ni église, il établit sa résidence dans un bois de palmiers, où il accueillait les païens que la grâce amenait en foule à ses leçons. Le fanatisme des brahmes lui disputa même ce triste asyle ; ils ameutèrent contre lui une troupe de gentils, qui l'assaillirent pendant la nuit, l'accablèrent de coups et d'outrages, et le jetèrent, avec ses catéchistes, dans une prison infecte. Après quelques jours passés dans la prière et les plus cruelles privations, ils virent entrer dans leur prison quelques brahmes accompagnés de bourreaux. Le P. de Britto, croyant que le Seigneur lui demandait le sacrifice de sa vie, tomba à genoux et présenta sa tête aux coups de la mort. Deux fois les bourreaux levèrent leurs haches sur sa tête pour la lui trancher, deux fois ils reculèrent comme retirés par une main invisible. Les brahmes, du moins, dédommagèrent leur haine par les tourments qu'ils firent souffrir au missionnaire ; ils ne lui rendirent la liberté que lorsque son corps ne fut plus qu'une plaie.

Au moment où le P. de Britto sortait de sa prison, des messagers pressés vinrent lui apprendre que, dans la province de Caraïambatù, la persécution sévissait contre les chrétiens. On les dépouillait de leurs biens, on les vouait à l'infamie, on les traînait en prison, en attendant qu'on leur fît subir le dernier supplice. Gaudence, le plus fervent d'entre eux, était destiné à une mort plus cruelle. Notre Bienheureux courut aussitôt à leur secours. Comme les brahmes étaient les principaux instigateurs de la persécution, il résolut de faire porter au prince la connaissance de cette affaire. Par son conseil et par la médiation d'un seigneur musulman, les chrétiens du palais, qu'on n'avait pas osé attaquer, demandèrent justice des accusations calomnieuses intentées contre eux et contre leur religion. Le prince renvoya leur cause au gouverneur de Combacounam, avec l'ordre formel de l'examiner d'après les lois de la plus rigoureuse équité. Les brahmes n'ayant pu prouver aucune de leurs accusations calomnieuses, le gouverneur fut obligé de rendre la liberté aux chrétiens. Le P. de Britto les visita les uns après les autres, les félicita de leur constance, et affermit leur courage par ses exhortations. Il reprit

ensuite la visite de la mission et la poursuivit
avec une activité que l'histoire ne peut suivre. Il
paraît, toutefois, qu'il remonta alors dans la province de Sattiamangalam, où les chrétiens, depuis la glorieuse mort des PP. Noguera et Pereyra, erraient sans guide et sans consolateur;
que de Sattiamangalam il se rendit dans les chrétientés du Nord. Du moins nous le retrouvons,
vers les derniers mois de 1685, dans la ville
d'Agaram, où, par un excès de charité, il parvint
à éteindre des inimitiés qui affligeaient cette chrétienté. Nous le voyons ensuite continuer, à travers les royaume de Gingi, du Tanjaour, du
Maduré, en descendant la côte de Coromandel,
la visite des autres chrétientés. Mais il ne restait
plus, de quelques-unes, que de tristes débris.
la guerre avait partout exercé les plus affreux ravages. Jamais peut-être un plus douloureux
spectacle n'avait déchiré le cœur du saint missionnaire. Que de fois il dut répandre des larmes
amères sur des lieux déserts où, peu d'années
auparavant, il avait béni des chrétientés floris-

santes! Il ne retrouva pas même les traces de celle de Moullipaddi. Ce fut sans doute pour la remplacer qu'il chargea le P. Xavier Borghèse de rétablir celle de Camianayakenpatti ; mais il se réserva le soin de fonder celle d'Oréiour. Bien des obstacles s'opposaient à son dessein : aucun ne fut assez puissant pour l'arrêter. En vain le prêtre de la pagode menaça le Père et le gouverneur de la colère de ses dieux ; en vain il ameuta la populace païenne ; le P. de Britto ne quitta Oréiour que lorsque son entreprise fut terminée.

Pendant le séjour qu'il y fit, il vit souvent des chrétiens accourir des confins du Marava, ou même de l'intérieur du pays, pour participer, avec leurs frères du Tanjaour et du Maduré, aux exercices de leur culte. Il recueillit de leur bouche, avec une sainte avidité, des renseignements précis sur l'état de la religion dans leur patrie, sur les dispositions des esprits, sur le nombre et la position des néophytes. Ces informations étaient loin d'être consolantes : les brahmes, toujours acharnés à la perte de la religion, s'efforçaient de détruire les chrétientés qui s'étaient reconstituées dans les bois ou dans des lieux déserts, depuis la persécution générale de 1669. Le P. de Britto fut navré de douleur au récit des souffrances que supportaient les néophytes dans ce malheureux pays. Résolu de les souffrir avec eux, il entra dans le Marava, le 5 mai de l'an 1686. Les chrétiens l'accueillirent comme un ange venu du ciel pour les consoler dans leurs épreuves. L'homme de Dieu, en effet, leur témoigna une charité tout angélique; il consacra les jours et les nuits à exercer, en leur faveur, les fonctions de son ministère; à peine se réservait-il quelques moments de repos pour vaquer à la prière et réparer ses forces. Les fruits répondirent à tant de soins : des milliers de chrétiens participèrent aux sacrements de Pénitence et d'Eucharistie, et puisèrent dans les instructions du missionnaire une ferveur qui semblait défier les plus violentes persécutions.

De nombreux catéchumènes, préparés par les catéchistes, vinrent encore lui demander, avec le baptême, le droit de partager de pareilles épreuves. Après s'être assuré de leurs dispositions, il les enrôla sous la bannière de Jésus-Christ. D'autres l'attendaient dans des localités plus éloignées, il se rendit à leurs vœux, et les combla par l'ardeur d'une charité qui ne souffrait point de repos. Aussi, du 5 mai au 17 juillet, eut-il la joie de donner à l'Eglise deux mille soixante-dix enfants de plus.

Cependant les brahmes, irrités des succès du P. de Britto, avaient juré sa perte, et associé à leur vengeance tous ceux qui pouvaient la servir par leur puissance ou par leur fanatisme. Dieu, qui voulait tirer sa gloire de l'héroïque patience de son serviteur, permit qu'ils réussissent à satisfaire leur haine.

Le 17 juillet, le P. de Britto, après avoir célébré la messe à Vellcicoulam, s'était mis en route pour une autre chrétienté, accompagné des deux catéchistes Sylvei-Nayagan et Canagapen, des néophytes Suren, Arulen, Sattianaden-Setti, et d'un autre jeune chrétien, d'un courage supérieur à son âge. Comme ils approchaient d'une bourgade appelée Mangalam, ils furent rencontrés par un détachement des troupes du général Caumarâ-Poullei, qui couvraient tout le pays. Interrogés sur leur nom, sur leurs qualités, sur leur religion, ils répondirent tous, sans hésiter, qu'ils étaient chrétiens, et le P. de Britto se déclara docteur de la loi du vrai Dieu. A ces mots les soldats se jetèrent sur le Père, l'accablèrent de coups et d'injures, et exercèrent sur lui, comme sur ses disciples, des jeux barbares, qu'ils continuèrent jusqu'à Mangalam, où se trouvait le général. « Quand nous parûmes devant lui, écrit le P. de Britto lui-même, il nous pressa d'abord de crier : Siven! Siven! (divinité du pays), nous promettant de nous rendre ce qu'il nous avait pris, de nous combler d'honneurs, de nous donner à tous l'autorisation de prêcher la loi de Dieu, et à moi une aldée et un cheval. Nous répondîmes, mes six compagnons et moi, que nous ne pouvions pas invoquer un pareil nom. Je reçus alors plusieurs soufflets; puis on me mit les fers aux pieds et aux mains, et on me lia sur la place à un cippe, où je restai toute la nuit et le lendemain, jusqu'à deux heures après midi, exposé aux outrages des soldats et de la populace. Mes chrétiens, surtout les catéchistes Sylvei et Suren, furent si cruellement battus, que, sur les épaules et sur la poitrine, ils eurent toute la chair déchirée. Puis ils furent tous liés avec moi. Le jour suivant, ils subirent le tourment de l'eau et une longue flagellation ; mais un d'entre eux (Sattianaden–Setti) fléchit, et obtint ainsi la liberté avec quelques marques d'honneur. Pour nous, nous fûmes conduits à Caléiarcoïl, à la suite du général, et en compagnie de ses soldats, qui nous traitèrent avec une grande cruauté. Là, on fit souffrir à Suren de cruels tourments, qu'il supporta en glorieux martyr.

» Nous fûmes alors condamnés à être déchirés ; et aussitôt on étala sous nos yeux le feu, les tenailles, tous les instruments de notre supplice ; mais la nuit qui survint empêcha de procéder à cette exécution. On me mit encore les fers aux pieds et aux mains ; mes chrétiens ne les eurent qu'aux pieds ; mais on nous jeta tous dans une étroite prison, où nous restâmes jusqu'au 28 de ce mois. Nous en sortîmes pour être conduits à Pagany, où nous arrivâmès mourants de faim et de soif, et accablés de fatigues. A peine y fûmes-nous entrés, qu'on nous intima la sentence de mort, que nous devions subir si nous n'invoquions pas Siven. Comme nous répondîmes que nous ne le pouvions pas, nous fûmes accablés de coups de pied, de poing, de bâton, et de mauvais traitements; enfin, jetés dans les fers. »

Pour compléter ce récit, nous ajouterons quelques circonstances que la modestie du P. de Britto lui a fait omettre. A Mangalam, le saint missionnaire subit, comme ses disciples, le supplice de l'eau, c'est-à-dire que, précipité plusieurs fois dans un étang, on l'y laissait jusqu'au moment où il allait expirer. A Pagany, il fut étendu sur un rocher, calciné par les ardeurs du soleil, frappé à coups de bâtons et de cordes, ensuite foulé aux pieds par les huit bourreaux qui venaient de lui déchirer les membres. Ses disciples subirent les mêmes peines. Aucun cependant n'y eut une plus large part que Sylvei-Nayagan : il reçut sur la tête des coups si violents, qu'un de ses yeux, arraché de son orbite, lui pendait sur la joue. En le voyant rentrer en prison dans un si triste état, le P. de Britto baisa respectueusement ses plaies encore sanglantes, et le félicita de la gloire qu'il venait de rendre à Jésus-Christ. Puis, répondant par une confiance égale à la confiance sans bornes du catéchiste dans la puissance et la bonté de Dieu, il recueillit l'œil blessé, le remit dans son orbite, et le guérit parfaitement, par la vertu du signe de la croix.

Coumarâ-Poullei, insensible à ce prodige, condamna les confesseurs à une mort cruelle. Mais Ranganâdadéven, roi de Marava, ne ratifia pas la sentence de son ministre. Il manda à Ramanadabouram, capitale du royaume, le P. de Britto et ses compagnons, qui y arrivèrent exténués de fatigues. On les jeta dans une incommode prison, où leurs gardiens et les brahmes leur firent subir toutes sortes d'avanies, en attendant le retour de Ranganâdadéven, momentanément absent de sa capitale.

Dès qu'il fut de retour, il manda auprès de lui le P. de Britto, le reçut avec de grands égards, lui fit plusieurs questions sur la religion chrétienne, et montra une vive satisfaction des réponses que lui fit le Bienheureux. Mais là se borna sa bienveillance : la pureté de l'Evangile effraya les passions dont ce malheureux prince était l'esclave. Il rendit la liberté au P. de Britto, et lui défendit de jamais plus rentrer dans le royaume, pour y prêcher une religion si chaste.

Le P. de Britto avait reçu, avec sa vocation, d'autres ordres du Ciel ; il commençait déjà à les exécuter, malgré les injonctions du tyran, quand il reçut une lettre du P. Provincial qui le pressait de se rendre au collége de Topo. Il sortit alors du Marava, bien résolu d'y retourner, pour ressaisir la palme du martyre qui venait de lui échapper. En effet, après un séjour de quelques mois à Topo, il demanda et obtint la permission de rentrer dans le Marava. Mais un événement im-

prévu vint encore le forcer d'ajourner cette tenta-
tive. Le P. Paës, envoyé à Rome en qualité de
procureur du Malabar, était mort, à la suite d'un
naufrage, auprès du cap de Bonne-Espérance.
Les supérieurs lui substituèrent le P. de Britto,
qui, par ses qualités, comme par son rang, pouvait rendre d'importants services à la mission. Le
saint missionnaire partit aussitôt pour Goa, où
des affaires relatives à la mission le retinrent
jusqu'au mois de novembre 1687 ; il s'embarqua
alors pour l'Europe, et arriva le 8 septembre
1688 à Lisbonne, après dix mois d'une navigation orageuse.

Dès que le bruit public eut appris l'arrivée du
P. de Britto, l'attention de toute la ville se porta
sur lui. Plusieurs grands personnages allèrent
aussitôt le visiter à la maison professe ; mais personne ne lui fit un accueil plus empressé que le
roi Pierre II, dont il avait été page, et la reine
Isabelle-Marie, qui lui donnèrent des témoignages
extraordinaires d'estime, de bienveillance et de
vénération. Loin d'abandonner ses affections à

tant d'honneurs, le P. de Britto ne cessa de vivre, par la pensée, au milieu de ses Indiens : fidèle à l'austérité de sa profession, il ne prenait par jour qu'un seul repas ; du riz, des légumes et de l'eau faisaient toute sa nourriture. Jamais il ne se départit de la sévérité de ce régime, pas même lorsqu'il était forcé de s'asseoir à la table des grands. Une planche, ou une peau d'ours, étendue sur la dure, lui servait de lit ; enfin il conserva dans ses habitudes toutes les privations ordinaires auxquelles se condamnaient les missionnaires du Maduré.

Ses démarches prouvaient encore mieux que ce genre de vie son affection pour ses néophytes ; toutes tendaient au bien de la mission : s'il visita les colléges de Santarem, de Coïmbre, d'Evora, ce fut moins pour y revoir des frères, que pour y recruter des ouvriers évangéliques. S'il vit quelques moments ses parents, ce ne fut que lorsqu'ils vinrent le trouver ou qu'il les rencontra sur sa route. Sa respectable mère elle-même, qui, retirée à Portalègre, sanctifiait son veuvage par les pratiques de la piété, n'obtint pas une plus longue visite. S'il se rendait à la cour, c'était pour obéir à l'ordre du roi, ou pour y traiter les affaires de la mission. En un mot, toutes ses pensées, toutes ses préoccupations, tous ses soins étaient pour ses néophytes.

Aussi de quelle douleur ne fut-il pas saisi, lorsque Pierre II lui déclara qu'il voulait lui confier l'éducation de l'infant! Quelles démarches ne fit-il pas pour éviter un pareil honneur! Enfin le roi, touché de ses prières et de la sainteté des motifs de son refus, cessa ses instances, dans l'espoir cependant de les reprendre plus tard. L'archevêché de Cranganor, que lui offrit le roi, ne sourit pas davantage au P. de Britto : il avait horreur des dignités, surtout de celles qui le tenaient éloigné de ses néophytes. Débarrassé par sa constance des obstacles que l'estime de son souverain mettait à son retour, et dispensé, par le P. Général, du voyage de Rome, il se hâta de faire celui des Indes.

Le 8 avril de l'an 1690, malgré les efforts industrieux de la cour et des grands pour empêcher son départ, il s'embarqua avec vingt-cinq compagnons qu'il avait choisis, pour la plupart, dans les différents colléges de son ordre, en Portugal. La navigation fut d'abord très heureuse ; mais le vaisseau, arrêté ensuite sous la ligne par un calme obstiné, présenta bientôt le triste spectacle qu'avait offert celui qui avait porté la première fois notre saint missionnaire aux Indes. Le P. de Britto y renouvela aussi les prodiges de sa charité. Il faillit en être victime ; mais le Seigneur lui destinait un autre genre de martyre. Un vent favorable, obtenu par les prières du Père et des passagers, arracha le navire au fléau, et le poussa assez rapidement vers le port de Goa, où il aborda le 3 novembre 1690.

Les missionnaires, accueillis par leurs confrères et par de nobles Portugais, furent conduits en triomphe jusqu'à l'église du collége. Là, ils exprimèrent à Dieu leur reconnaissance par le chant solennel du *Te Deum*, et lui demandèrent, par l'intercession de saint François Xavier, la grâce de consacrer leur vie tout entière au salut des Indiens.

Après un court séjour à Goa, les supérieurs envoyèrent le P. de Britto et ses compagnons dans la petite île de Salsette, dont la température était plus propre que celle de Goa à réparer leurs forces. Mais le repos n'allait pas au caractère du P. de Britto : il revint à Goa, où il exerça le ministère apostolique, en attendant qu'il lui fût donné de le remplir dans le Marava. Au bout de trois mois, il s'arracha aux instances que faisaient le vice-roi, l'archevêque, la population, pour le retenir à Goa, et se rendit au collège de Topo, sur la côte de la Pêcherie, résidence habituelle du supérieur de la province du Malabar. Tandis qu'il lui rendait compte de sa mission et qu'il se concertait avec lui sur les moyens les plus efficaces de propager la foi parmi les idolâtres, il apprit la mort des PP. de Mello et Carvalho, martyrs de la foi. Il conçut une sainte envie contre ces généreux confesseurs, et se hâta d'expédier ses affaires pour courir aux mêmes combats.

Le P. Provincial ne voulut pas contrarier plus longtemps des vœux si généreux ; mais il ne put se dispenser de confier au P. de Britto une mission qui, en lui imposant de nouvelles fatigues, devait cependant le tenir, plusieurs mois, éloigné du théâtre de son martyre : il le chargea de visiter toutes les résidences répandues dans les cinq royaumes que comprenait la *province* du Malabar. Dieu, sans doute, avait inspiré cette détermination, pour montrer une dernière fois aux missionnaires celui qui était le modèle de tous, et dont il allait bientôt agréer le dernier sacrifice. Le P. de Britto, revêtu de la qualité de visiteur, se rendit d'abord à Pondichéry, d'où il entra dans le royaume de Golconde, et continua, en descendant, la visite de toute la mission. Partout, secondé par les autres missionnaires, il répara les malheurs de la guerre, corrigea les abus introduits dans les chrétientés à la faveur des troubles, fit les plus sages règlements, reçut les bénédictions des néophytes, les combla des siennes, ranima leur foi, excita parmi eux une ferveur extraordinaire. Ce mouvement entraîna même les païens qui vinrent en foule demander au saint missionnaire les enseignements de la foi et le sacrement du baptême.

Cependant, ni ces prodigieux succès, ni les incroyables privations qu'ils lui apportaient, ne pouvaient suffire à sa charité : les cris de ses enfants du Marava retentissaient toujours dans son cœur, et la couronne du martyre tentait continuellement ses regards. Il entra dans ce pays le 27 mai 1694. Les troupes du Tanjaour, accourues au secours de Ranganâdadéven, sillonnant le royaume en tout sens, y portaient avec elles la confusion et la licence. Cet état de choses favorisait le despotisme des vassaux, le fanatisme des brahmes, et multipliait partout les dangers. Le P. de Britto les affronta pour secourir la religion en péril. Son arrivée fut bientôt connue des chrétiens et des catéchumènes : ils vinrent en foule de plusieurs lieues à la ronde, à Veruga-patti, puiser dans ses instructions la force dont ils avaient besoin. Le P. de Britto seconda leur empressément par son zèle : en quinze jours, il entendit les confessions de mille néophytes et baptisa quatre cents catéchumènes. La même affluence l'environna à Couroudancuddi : les uns lui demandaient le baptême, les autres le priaient d'entendre les secrets de leurs consciences; tous sollicitaient les bienfaits de son ministère. Le P. de Britto voua, au service de tous, ses soins, sa santé, sa vie. Le temps que lui laissaient ces fonctions, il le consacrait à ses exercices spirituels, à la célébration des saints mystères, à la récitation de l'office divin et du rosaire, à l'accomplissement de ses devoirs personnels de religieux et de prêtre, dont il ne sut jamais s'exempter. Quant au repos, il y pensait à peine : il en prenait si peu, que les néophytes regardaient son existence comme un miracle continuel. Lorsque, au bout de deux ou trois semaines, il avait baptisé cinq à six cents catéchumènes, confessé mille ou deux mille néo-phytes, c'est-à-dire autant qu'il s'en présentait, il se hâtait d'aller chercher les mêmes travaux et les mêmes fruits dans d'autres localités. Souvent les néophytes et les catéchumènes, au nombre de plusieurs milliers, sans attendre qu'il eût atteint le but de sa course, l'arrêtaient en pleine campagne, et lui demandaient, ou l'instruction religieuse, ou les autres sacrements, que l'homme de Dieu leur accordait avec autant de libéralité que d'empressement.

Cependant les brahmes, irrités des succès du P. de Britto, cherchaient dans les troubles de la guerre l'occasion de satisfaire leur vengeance : ils semèrent sur ses pas mille piéges perfides, élevèrent contre son zèle des obstacles insurmontables, conjurèrent sa mort, et mirent à sa poursuite des agents chargés d'exécuter leur projet. Le P. de Britto alla chercher alors, dans les bois situés sur les confins du Marava et du Maduré, un abri contre des obstacles qui entravaient son ministère. Là, il l'exerça auprès d'une foule innombrable de néophytes et de catéchumènes qui venaient de toutes parts le réclamer. Il suffit de dire que, du 23 mai au 23 juin 1692, il conféra le baptême à plus de douze cents catéchumènes, dont il avait complété l'instruction religieuse, et entendit les confessions de deux mille néophytes. De pareils succès enflammaient de plus en plus la haine de ses ennemis : des bandes armées firent une battue dans le bois qui lui servait de temple et de séjour, pour lui arracher la vie. Mais l'heure du martyre n'avait pas encore sonné pour lui. Il alla continuer son œuvre dans les forêts du Marava, qui furent bientôt témoins des mêmes prodiges de zèle que celles du Maduré. La persécution l'y atteignit encore, et le força de se retirer dans la principauté de Mouni, fief situé sur les confins du Marava, et détaché, comme tant d'autres, de la couronne du Maduré. Il y bâtit une église où affluèrent des néophytes et des catéchumènes; mais, de là, il faisait souvent des excursions dans l'intérieur du Marava, pour distribuer les secours de la religion à ceux qui ne pouvaient pas les aller chercher ailleurs. L'empressement des chrétiens et des païens à profiter des bienfaits de son zèle était tel. qu'à chaque pas il était obligé de s'arrêter, d'élever un autel, de célébrer les saints mystères, et de conférer le baptême à cinq cents, quelquefois à mille catéchumènes par jour. Toutefois, Mouni restait le centre de ses travaux : c'était là que l'affluence était plus grande et que la grâce opérait ses plus étonnantes merveilles.

Le bruit en vint jusqu'à Tériadéven. Ce prince, dont la famille avait occupé le trône de Marava, se consolait, dans sa résidence de Ciroupallei, de l'usurpation de Ranganâdadéven, par l'estime et l'affection que lui conservaient les peuples. Il y trouva un bien plus précieux encore : celui de la foi. Attaqué d'une maladie mortelle, il envoya un messager au P. de Britto pour le prier de venir à Ciroupallei et de l'admettre au nombre des enfants de l'Église. Le saint missionnaire, imitant la conduite de Jésus-Christ à l'égard de la Chananéenne, se contenta d'abord de lui envoyer un catéchiste, avec la mission de sonder les véritables dispositions du malade et de le préparer au sacrement du baptême. Le catéchiste trouva le prince aux prises avec la mort. Il se hâta de réveiller dans son cœur l'estime qu'il avait conçue pour la religion et des sentiments de confiance en Dieu, puis il récita sur lui le symbole des apôtres et un passage de l'Evangile. Il ne les avait pas encore terminés, que le prince, subitement délivré de sa maladie, recouvra une santé parfaite. Ce prodige affermit Tériadéven dans la résolution d'embrasser la loi de Jésus-Christ. A ses instances réitérées, le P. de Britto se rendit à Ciroupallei, et conféra le baptême au prince, après que celui-ci eut renvoyé quatre de ses femmes, et gardé seulement celle qu'il avait épousée la première.

Parmi les quatre femmes renvoyées se trouvait Cadelei, nièce de Ranganâdadéven. Elle alla aussitôt se plaindre à lui de l'insulte qu'elle prétendait avoir reçue de Tériadéven. Elle n'eut pas de peine à enflammer la colère du roi, beaucoup moins à mettre les brahmes dans son parti. Le roi mande aussitôt Tériadéven, et lui demande si tout ce qu'on dit de lui et du missionnaire européen est bien vrai? Le prince lui répondit avec une noble fierté qu'on ne lui a rien dit de trop :

que le saniassi européen est rentré dans le Marava, qu'il y a bâti quatre églises, converti une multitude de païens à la foi de Jésus-Christ, et que Tériadéven lui-même est chrétien.

Ranganâdadéven se souvient, dans sa fureur, qu'il siége sur un trône usurpé; il pardonne à Tériadéven sa généreuse réponse; mais il n'a pas les mêmes égards pour le P. de Britto. A son ordre, quatre nombreuses bandes de soldats partent de Ramanadabouram, la première pour Mouni, chacune des autres pour une des églises signalées. Le P. de Britto avait prévu les ordres de Ranganâdadéven; il était allé attendre les persécuteurs à Mouni. En y arrivant, il avait eu soin d'ordonner à ses néophytes de se réfugier dans des retraites sûres. Le catéchiste Canagapen, homme de tête et de résolution, d'un caractère énergique, d'une force athlétique, était capable non seulement d'affronter les persécutions, mais encore de faire repentir les tyrans de leur cruauté. Afin de prévenir les tentatives qu'il pourrait faire pour le sauver, le P. de Britto lui donna une commission

pour une localité lointaine, avec l'ordre de ne revenir à Mouni que lorsqu'il y serait expressément
rappelé. Canagapen ne soupçonnait pas l'intention
de son bon maître : il ne pensa qu'à obéir.

A peine ces précautions étaient-elles prises, que
les satellites de Ranganâdadéven arrivèrent, le
8 janvier 1693, à Mouni, où les attendait le
P. de Britto. Ils se jetèrent sur lui, l'accablèrent
de coups et d'outrages, l'enchaînèrent avec deux
catéchistes et un brahme chrétien, qui n'avaient
pas voulu le quitter, et les traînèrent en laisse
derrière leurs chevaux.

Le P. de Britto, épuisé par ses fatigues et ses
austérités, tombait de faiblesse à chaque pas ;
mais ses bourreaux impitoyables le forçaient autant de fois, à coups de rotin, de se relever et de
courir encore. Des traitements bien plus barbares
lui étaient réservés à Anoumandacouri. Sur une
vaste place, fermée par des barrières, était exposé
un char en forme de pyramide, destiné à porter
les idoles dans les places publiques. Ce fut là que
le P. de Britto fut attaché. On voulut le forcer

d'invoquer Siven ; mais il repoussa cette proposi-
tion avec horreur. D'ignobles outrages furent le
prix de sa constance : on le bafoua, on lui cracha
au visage, on lui déchira les habits, on lui meur-
trit la tête de coups de poing et de bâton ; enfin,
pour en faire l'objet de leurs amusements, les
soldats le détachèrent du char.

La nuit vint suspendre ces jeux inhumains ; la
foule qui y assistait s'écoula peu à peu. Sept soldats restèrent seuls pour garder leur prisonnier.
Lassés des mouvements de la journée, ils ne tar-
dèrent pas à succomber au sommeil ; mais le saint
confesseur profita de ce moment de répit pour
vaquer à la prière. Tandis qu'il la faisait, il fut
distrait par les pas d'un homme qui, armé d'un
énorme bâton, rôdait avec inquiétude autour de
la barrière. C'était Canagapen, ce catéchiste fidèle
que le P. de Britto, par une charitable industrie,
avait éloigné de Mouni. Comme il faisait la commission, prétexte de son éloignement de Mouni,
la rumeur publique lui avait apporté la nouvelle
de l'arrestation du P. de Britto. Laissant là tout

autre soin, il était accouru au secours de son cher maître, et l'avait rencontré à Anoumandacouri, au moment où il subissait les avanies dont nous avons parlé. Frémissant de douleur et d'indignation, il chercha dès lors l'occasion et le moyen de délivrer son bon Père. Il avait médité l'un et l'autre, lorsque le P. de Britto le reconnut à travers les ombres d'une nuit sereine.

Le saint confesseur devine un projet qui, s'il était exécuté, lui arracherait peut-être la couronne du martyre. Il éveille aussitôt ses gardes, et les prie de l'accompagner au dehors de la barrière ; mais les soldats savaient que, loin d'éviter la mort, leur prisonnier ne cherchait que le moyen pe ne pas y échapper ; ils le laissèrent sortir seul et continuèrent à dormir. Quant au P. de Britto, il s'approcha de Canagapen ; et, prenant à son égard un ton qui affectait la sévérité, mais qui laissait apercevoir combien le Père était touché du dévouement de son catéchiste : — Comment, lui dit-il, vous voilà, mon ami ! Ne vous avais-je pas dit de ne point venir me trouver sans un ordre exprès de ma part? Je vois ce que vous voulez faire : ne tentez rien ; et, je vous en prie, retirez-vous dans votre chrétienté. — Père, répondit le catéchiste, ils ne sont que sept; laissez-moi faire, et je vous... — Non ; non ! reprit vivement le P. de Britto : encore une fois, obéissez-moi. — Mais, mon Père, seulement sept.... Je puis garantir la sûreté de votre fuite et vous sauver. — Eh ! voulez-vous donc que je fuie comme un voleur? Non, mon ami ; non ! ne vous donnez pas toute cette sollicitude : laissons faire la Providence. Ne vous opposez point à sa volonté sur moi; je vous l'ordonne : allez. — Placé entre la crainte de désobéir à son bon maître, qui n'avait jamais eu un pareil reproche à lui faire, et l'obligation de le laisser à la merci de ses bourreaux, le brave Canagapen se retira le cœur oppressé par la douleur, et les yeux pleins de larmes.

Le saint confesseur s'était déjà remis à la discrétion de ses gardes. Le lendemain, vers le milieu du jour, il partit, avec ses compagnons, de la ville d'Anoumandacouri, à la suite de la troupe

de satellites qui renouvelèrent sur lui les traitements de la veille. Le 11 janvier, il arriva à
Ramanadabouram, exténué de fatigues, de faim
et de soif, couvert de poussière, de crachats, de
sueur et de sang. Il fut traîné dans une incommode prison, où vinrent le rejoindre quelques chrétiens saisis par les autres bandes de sicaires.

Le P. de Britto et ses dignes compagnons attendirent, vingt jours, l'arrivée et la sentence de
Ranganâdadéven, alors absent de sa capitale.
Pendant ce temps-là, ils se préparaient à leur
dernier sacrifice par les exercices de la piété, que
le P. de Britto interrompait plusieurs fois le jour
pour adresser à ses compagnons des exhortations
et des encouragements.

Pendant ce temps-là, le prince Tériadéven,
Canagapen, Silvei-Nayagan, et d'autres chrétiens
accourus à Ramanadabouram pour servir leur
commun maître, combinaient ensemble des mesures pour conjurer l'orage qui le menaçait. Mais
le P. de Britto, informé de leurs démarches, les
fit prier, au nom de Jésus-Christ, de ne rien faire

pour le priver de la couronne du martyre, unique
objet de ses vœux. Et, comme il redoutait toujours
l'indomptable courage de Canagapen, il le chargea
de porter au P. Laynès une lettre où il demandait
les prières de toute la mission.

Cependant Ranganâdadéven rentra vers le
20 janvier dans sa capitale. Dès le lendemain,
les brahmes s'efforcèrent de stimuler sa colère
contre le P. de Britto. Déjà ce prince avait résolu
de venger, par la mort du saint missionnaire,
l'injure faite à sa nièce; mais il craignait l'ascendant de Tériadéven sur les troupes et sur la na-
tion. Les prêtres des idoles lui promirent alors
de faire mourir le saniassi européen, sans effusion
de sang, dans le secret de la prison, par la seule
vertu des sortiléges. Leurs sacrifices ne servirent
qu'à donner une nouvelle preuve de leur impos-
ture. Ils dirent, pour excuser leur impuissance,
que ce saniassi étranger était le plus grand ma-
gicien du monde, qu'il était dangereux pour l'État
de laisser vivre un tel homme. Ranganâdadéven
ne méritait pas davantage les lumières de la

grâce : il partagea l'aveuglement des faux prêtres, et se décida à sévir contre le ministre du vrai Dieu.

Le 28 janvier, le P. de Britto et ses compagnons furent mandés au palais. Ils furent introduits dans un vestibule, au milieu duquel étaient exposés, comme pièces de conviction, les objets saisis dans l'habitation du Père et dans celles de plusieurs néophytes. On en fit l'inventaire en présence de Tiroudéadéven, neveu du roi, et d'Andiapapoullei, son principal ministre. Le premier objet qui se présenta fut un crucifix. Tiroudéadéven le fit dédaigneusement jeter à terre ; mais le P. de Britto, se prosternant devant cette image sacrée, la baisa avec amour et la pressa sur son cœur. Comme on lui demandait ce que signifiait cette image, il se mit à parler à l'assemblée du mystère de la rédemption, jusqu'à ce que les brahmes présents l'interrompirent dans son discours.

Ensuite on tira un rouleau très épais qui contenait plusieurs milliers de noms propres. Tirou-

déadéven et Andiapapoullei l'ayant parcouru des
yeux, découvrirent que c'était la liste des néophytes. Ils portèrent aussitôt cette pièce compro-
mettante à Ranganâdadéven et l'examinèrent avec
lui : ils furent tous effrayés du nombre des chrétiens du Marava, de la qualité de plusieurs d'entre
eux ; car, outre le nom de Tériadéven, on y lisait
encore ceux de quelques gouverneurs de villes ou
de citadelles, de quelques officiers supérieurs ou
capitaines respectés et chéris des soldats. Après
une longue délibération, ils conclurent qu'il fallait
ôter la vie à l'auteur de tant de conversions ; mais
qu'il serait dangereux de l'exécuter dans une ville
où il avait des partisans si nombreux et si puissants. Tiroudéadéven laissa même croire à deux
officiers, dont il avait vu les noms sur la liste,
que leur maître était seulement condamné à l'exil.
Une nouvelle si inattendue jeta le P. de Britto
dans la consternation : prosterné devant l'image
de son Sauveur, il le conjura de lui faire miséri-
corde, de ne pas lui refuser la couronne du martyre.

Il dut croire que le Seigneur l'avait exaucé, lors-que, vers le soir, il fut mandé avec les autres prisonniers devant le roi, qui s'était rendu, à la tête d'un corps de troupes, sur une vaste place, située hors de la ville, Il n'y reçut que des injures, des outrages, des menaces et des soufflets. A la vérité le roi, comme pour s'assurer si le mission-naire était invulnérable, le désigna au mousquet d'un soldat, et déjà le généreux confesseur, se mettant à genoux, offrait sa poitrine, aux balles; mais Tériadéven menaça le roi des plus grands malheurs s'il osait attenter à la vie de ce saniassi, Le roi craignait les droits et l'influence de Téria-déven : il se contenta de prononcer une sentence d'exil contre le P. de Britto. Cette sentence tou-tefois était fictive, comme nous le verrons bientôt.

Le lendemain, le Père fut retiré de la prison, et confié à un peloton de soldats qui devaient le conduire à Oréiour, ville située sur le Pambaroû, aux confins du Marava. Tériadéven et quelques capitaines chrétiens, soupçonnant l'intention du roi, prièrent leur maître vénéré de leur permettre de l'escorter jusqu'à Oréiour. Mais le Père leur ordonna de rester à Ramanadabouram, pour y travailler à la délivrance de ses compagnons, dont ils obtinrent en effet la liberté.

Quant au P. de Britto, persuadé qu'on le con-duisait au dernier supplice, il y marchait avec cette joie qui entraîne vers un bonheur, objet des vœux les plus ardents. Il arriva à Oréiour le 31 janvier 1693. Le chef de son escorte remit à Ouréiardéven, frère du roi, gouverneur de la province, un écrit scellé du sceau de Ranganâda-déven. Le prince l'ouvrit impatiemment et y lut l'ordre de faire trancher la tête au saniassi étran-ger. Mais il ne le communiqua d'abord ni au con-damné, ni à d'autres. Dans l'espoir d'obtenir, par la médiation du missionnaire, dont il avait appris les merveilles, la guérison d'une maladie hon-teuse et mortelle, il l'accueillit avec une grande bienveillance. Il lui promit la liberté, des richesses et des honneurs, s'il voulait opérer un miracle en sa faveur. Le Père de Britto lui répondit que la santé comme la maladie est à l'ordre de Dieu, et l'invita à demander à la foi la guérison d'un mal plus dangereux, celui du péché qui dévorait son âme païenne. Ouréiardéven, déconcerté par cette réponse, ne perdit cependant pas l'espoir de gagner le serviteur de Dieu : il l'envoya en prison sans lui donner d'autre marque de son ressentiment.

A peine le P. de Britto y fut-il entré qu'il vit les femmes du prince venir se jeter à ses pieds et lui demander en grâce la guérison de leur mari. Le Père leur répéta la même réponse, mais il ne leur fit aucune promesse. Le jour suivant, Ouréiardéven le manda au palais, redoubla d'instances, et enchérit encore sur les promesses qu'il avait faites la veille ; elles ne sourirent pas davantage au Bienheureux. Le prince crut que les menaces seraient plus efficaces. — Votre sort est entre mes mains, lui dit-il en lui montrant l'ordre de Ranganâdadéven ; je vous donne la vie si vous me rendez la santé ; je vous fais mourir, si vous ne me guérissez pas : choisissez.

— Vous vous trompez, Seigneur, reprit d'un

ton calme le P. de Britto; les menaces ne me touchent pas plus que les promesses. Les biens de ce monde n'ont rien qui me tente, et la mort ne m'effraie pas. Je voudrais, au contraire, pouvoir sacrifier à Jésus-Christ non seulement mon existence, mais encore mille vies.

Ouréiardéven, outré d'une grandeur d'âme qu'il ne comprenait pas, ordonna à un soldat de trancher la tête au P. de Britto. Ce soldat était chrétien; il ne voulut pas accepter une telle mission et justifia son refus par l'éloge de la sainteté du missionnaire. Il parlait encore lorsque la première des épouses vint le conjurer de ne pas faire périr un innocent. Ouréiardéven ne pressa pas davantage l'exécution de l'ordre royal. Le P. de Britto resta donc en prison depuis le 2 jusqu'au 4 février. Il consacra ce temps à s'entretenir avec le Dieu qu'il espérait voir bientôt face à face, et à faire par écrit, à ses frères, ses derniers adieux.

Cependant Ouréiardéven était en proie à une terrible perplexité : d'un côté, son propre ressentiment, l'ordre de Ranganâdadéven, réclamaient la mort de l'homme de Dieu ; de l'autre, les larmes de son épouse, ce qu'il savait de la vie merveilleuse de son prisonnier, cet éclat de sainteté qui brillait sur sa figure, la grandeur de ses sentiments et de ses réponses, demandaient grâce pour cet homme extraordinaire. Il voulait et ne voulait pas le faire mourir. Mais son premier ministre, Mourougapapoullei, caractère dur et vindicatif, superstitieux jusqu'au fanatisme, le fit pencher vers la cruauté.

Ouréiardéven résista deux jours entiers à l'obsession de cet homme. Enfin, le 4 février, mercredi des cendres, il lui abandonna le serviteur de Dieu. Pour ne pas laisser au prince le temps de revenir sur cette détermination, Mourougapapoullei donna de suite l'ordre aux soldats de conduire le prisonnier au lieu du supplice.

A mille pas de la ville, sur les bords du Pambaroû, s'élevait une éminence qui dominait la rivière et la plaine ; c'était là que le Bienheureux allait offrir son sacrifice. En y arrivant, il obtint du chef de la troupe la permission de se retirer un peu à l'écart pour remettre son âme entre les mains de son Dieu. Il tomba aussitôt à genoux ; et, la face tournée vers l'orient, les regards élevés avec amour vers le ciel, il resta comme ravi en extase.

Une grande multitude entourait le monticule. Tous, païens et chrétiens, avaient les yeux fixés sur l'homme de Dieu ; et, confondus dans un même sentiment, ils semblaient tous respecter, par un immense silence, la prière du martyr. En ce moment arrive, armé d'un large cimeterre, le soldat Péroumal, qui venait de recevoir du ministre l'ordre de trancher la tête au P. de Britto. Les regards, un instant détournés par sa démarche de dessus le Bienheureux, l'accompagnent sur le monticule, et suivent tous ses mouvements. On le voit hésiter à la vue du P. de Britto en extase : il n'ose l'interrompre dans sa prière. Il prend machinalement une pierre et aiguise son cimeterre. Tout à coup, le fils d'Ouréiardéven arrive à grands pas du côté du palais.

— Qu'attendez-vous donc ? crie-t-il au bour-

reau ; exécutez vos ordres. — Péroumal hésite
encore ; mais le P. de Britto fait le signe de la
croix, se lève ; et, le visage resplendissant d'une
joie divine, s'avance vers le bourreau, l'embrasse
affectueusement, et lui dit : « Mon ami, j'ai prié
mon Dieu ; j'ai fait de mon côté ce que je devais
faire ; exécutez maintenant l'ordre qui vous est
donné. » En prononçant ces derniers mots, il se
met à genoux, salue encore une fois de ses regards le ciel où son âme va bientôt s'envoler, et
présente la tête aux coups de la mort.

Comme Péroumal se disposait à la lui donner,
il aperçoit suspendue par un cordon au cou du
Bienheureux la bourse qui contenait son reliquaire.
Il se souvient alors de tout ce qu'on a débité sur
la puissance magique du saniassi européen, et
craint, s'il touche à cet objet, d'en être la victime. Il recule d'un pas, décharge un grand coup
de cimeterre qui coupe le cordon, et fait au Père,
entre la poitrine et l'épaule, une profonde bles-
sure. Levant de nouveau son cimeterre, il l'abat
sur le cou du martyr et lui tranche la tête. En-

fin, selon l'ordre qu'il avait reçu, il lui coupe les pieds et les mains, les attache, ainsi que la tête, à la ceinture du buste, et les suspend ensemble au sommet d'un poteau planté à cet effet sur la colline.

A la vue de ces restes informes, vénérables trophées de la victoire du martyr, un frémissement général court parmi les spectateurs : la multitude, presque silencieuse, s'écoule peu à peu ; les païens, sous l'impression d'une admiration mêlée de stupeur, se demandent quelle est donc cette religion qui inspire à ses disciples un tel héroïsme ; et les chrétiens s'applaudissent de professer une loi qui, publiée sur le Calvaire, est encore scellée du sang de ses apôtres.

La nouvelle du martyre du P. de Britto eut bientôt traversé les mers ; le roi et la reine de Portugal, pleins d'admiration pour ce grand homme, la laissèrent alors éclater sans réserve avec le respect que leur inspirait son dernier sacrifice. Ce n'était point assez pour eux de célébrer, par des bénédictions privées, la mémoire du

P. de Britto : ils voulurent encore lui donner, dans la personne de sa mère, des témoignages solennels de leur vénération. Pierre II donna au P. de Magalhaês, son confesseur, la mission de l'annoncer à Dona Beatrix Pereyra, et de l'inviter à venir recevoir les félicitations de la cour.

A cette nouvelle, Dona Béatrix, cédant aux inspirations de sa foi, célébra par des actions de grâces le bonheur que son fils avait eu de donner à la gloire de Dieu le plus éclatant de tous les témoignages, celui de sa vie ; elle fit orner sa maison, et voulut qu'en public comme en particulier on célébrât, pendant plusieurs jours, par des fêtes aussi brillantes que pieuses, cette chère et glorieuse mémoire. Puis, cédant à l'invitation du souverain, elle se para de ses plus riches vêtements, et se rendit de Portalègre à la cour de Lisbonne. Elle y fut accueillie par le roi, par la reine, par les grands du royaume, avec le respect solennel qu'on voulait témoigner à la mémoire de son fils ; et, pendant plusieurs jours, la mère du martyr reçut au palais les honneurs réservés à la reine.

Ces sentiments d'amour et de vénération se communiquèrent de la cour au peuple : le nom du Bienheureux retentit dans tout le royaume avec les bénédictions qu'il provoquait. Partout on célébrait ses vertus; partout on se racontait avec admiration les circonstances et la gloire de son dernier sacrifice.

Tant et de si justes hommages n'étaient que l'écho de ceux que l'Orient rendait à la mémoire du P. de Britto. Depuis que le bruit de sa mort s'était répandu dans ces vastes contrées, il y avait excité des témoignages universels d'admiration; tous célébraient par leurs louanges la grandeur de caractère, la force d'âme, la foi vive, la charité ardente, qu'il avait déployées dans les persécutions, dans le dernier de tous les supplices.

Oréiour devint bientôt un but de pèlerinage. La confiance s'accrut avec les faveurs obtenues, et les miracles augmentèrent avec la confiance. Chaque jour éclairait quelques nouveaux pro-

diges : des infortunés privés de la vue la recouvraient après une fervente prière. D'autres, en
proie à des maladies incurables, recouvraient une
santé parfaite, après avoir bu de l'eau dans laquelle ils avaient détrempé un peu de poussière
teinte du sang du martyr. Le même remède avait
la même efficacité contre toutes sortes d'infirmités
ou de maladies, non seulement sur le théâtre du
sacrifice, mais encore en quelque lieu qu'on le
prît. Aussi les miracles se multiplièrent-ils à
l'infini, soit à Oréiour, soit dans le reste des
Indes.

Témoins de tant de prodiges, les évêques de
ces contrées lointaines les examinèrent juridique-
ment; et, en 1731, la sacrée congrégation des
Rites commença les procédures relatives à la
béatification du P. de Britto. Interrompues par
la tempête qui, un peu plus tard, s'éleva contre
la Compagnie de Jésus, elles furent reprises en
1851, et terminées, l'année suivante, par Sa
Sainteté Pie IX. Enfin, le 21 du mois d'août de
l'an 1853, l'Église a solennellement offert le

Bienheureux de Britto aux respects et à l'imitation des fidèles. Puisse cette courte notice leur faire connaître un si noble modèle, et leur fournir les exemples dont ils ont besoin au milieu des luttes qu'ils ont à soutenir contre les ennemis du salut !

FIN

Plancy. Typ de la Société de Saint-Victor, J. COLLIN, imp.